Daniela Selene
Lorenzini Sánchez

Susurros

La Hora del Cuento

Lorenzini Sánchez, Daniela Selene
   Susurros : haiku / Daniela Selene Lorenzini Sánchez. -
1a ed . - Río Cuarto : La Hora del Cuento, 2019.
   64 p. ; 12,7 x 20,32 cm.

   ISBN 978-987-3947-53-7

   1. Haiku. I. Título.
   CDD A861

Arte de tapa: Miguel Luis Aguilera
Maquetación y composición: Miguel Luis Aguilera
Corrección gramatical y ortotipográfica: Daniela Selene
Lorenzini Sánchez

Porque no hay sueños pequeños...

*A mi madre, Lidia Inés,
por haber erradicado de mi vocabulario
la palabra imposible.*

*A mi compañero de vida,
Miguel Luis Aguilera, por su incondicional
apoyo en lograr lo imposible.*

Prólogo

El haiku, poema de origen japonés, bucea entre las estaciones del año y la fugacidad del tiempo buscando la "emanación de la naturaleza". Esto es lo que ha logrado Daniela Selene Lorenzini Sánchez, captando perfectamente el espíritu del haiku con destreza magistral, lo que nos obliga a decir que dentro de su calidad de escritora, Daniela Selene ha encontrado una nueva faceta, una forma de expresión de gran belleza y que hoy, gentilmente, nos regala en este libro.

Horacio Gómez
Mar de Ajó, diciembre de 2019

Un zunzuncito
libando de flor en flor
mágico vuelo.

En la oscuridad
farolas voladoras
surcan el aire.

Tras la llovizna
de sombrillas se cubre
el suelo húmedo.

Furia de plumas.
El nido fue destruido.
Llanto hecho trino.

Postrer saludo.
Destella su brillo el sol
antes de morir.

Rehén la luna
en el cauce contempla
su cautiverio.

Sobre el estanque
el suspiro de un pez
marca círculos.

¿Mueren del árbol
las hojas en otoño,
o solo migran?

El cerezo al sol
refleja el estado
del cerezo al sol.

Sobre su bote
las hormigas perfuman
del agua el curso.

Surca las aguas
en callado reflejo.
El cisne es luna.

Ríe la muerte,
extendida en la rosa
ganó la araña.

La niña llora,
reposa en su cabello
la mariposa.

Garza en vuelo.
Nieve de plumas viste
en el invierno.

Leve suspiro
acaricia el árbol.
Beso angelado.

Un mar de brotes
la brisa embravece.
¡Bello tornasol!

Croar de ranas.
Al margen del arroyo
canta la noche.

Suspira el viento.
En lo alto las campanas
repiquetean.

La risa de Dios
hace cosquillas sobre
la manta verde.

Seca la rama,
disfraz de lagartija
sobre la piedra.

Bramido infernal.
Las piedras se sacuden
entre las nubes.

Llora el almendro,
lágrimas de flor caen
sobre el suelo.

Rítmica lluvia,
natural sinfonía
sobre las hojas.

Iluminadas
con encantado vuelo
están las sierras.

Viste el árbol
el tardío ocaso
del fuego otoñal.

Cae la tarde,
perfuma al estanque
la flor de loto.

Ceñida la hoja
de estaciones cautiva
libre en otoño.

En gris acero
sobrevuela el invierno
el crispado mar.

Tejió el invierno
una cristalina red
sobre el lago.

Tormenta en furia.
Un árbol se convirtió
en su víctima.

Invernal quiebre,
la líquida entraña
es mutilada.

Ruge el cielo,
la furiosa tormenta
castiga al rosal.

La primavera
viste al cisne de jazmín
en su plumaje.

Destella sobre
el rojo terciopelo
una lágrima.

La arena lastima...
Un grano se hizo perla
fruto del dolor.

Besa el rundún
de la flor los pétalos,
fugaz romance.

Arrebol de flor
la lluvia de pétalos
perfumó el agua.

Después de llover
besa al cielo y la tierra
el arcoíris.

He apresado al sol,
cautivo lo conservo
en el rocío.

En los arroyos
las piedras siempre acunan
la flor del jazmín.

Dorado néctar,
en celdilla hexagonal
brilla bajo el sol.

En el estanque
se refleja el cuadro
del atardecer.

Con gris perfume
se extiende el verde campo
bajo las nubes.

Crepita el fuego.
Naturaleza en fuga.
Olor a muerte.

Destruido el nido,
abandono de gemas...
Llora la vida.

Nevada cima,
inalcanzable espuma
añorando el mar.

Desgrana nube
el hormigón que forma
tu morada gris.

Suspiro de flor,
arcoíris en vuelo,
belleza febril.

Gotitas de agua
aromando la tierra.
Besos de nubes.

La primavera
madre, el verano dueño,
tu boca muerte.

Nutre la lluvia
la tierra que alimenta
sombrillas de sol.

Desde la piedra
salta a mi mano, observa.
Vida y muerte.

Grandes ciudades
¿Son barrios de estrellas
en esta tierra?

¡Banda sonora!
Estridulan chicharras.
¡Llegó el verano!

Risa en el aire.
Suspiran los árboles,
llora el ciruelo.

La mosca aguarda.
En su lecho de muerte
soplo mi mano.

Vapor de agua,
una etérea manta
cubre al río.

¡Hojas de otoño
que aladas florezcan
en brisas de sol!

Fiesta nocturna
con sol de luciérnagas
en las esquinas.

¡Lágrima santa!
Muta en dulce rocío
la pena de Dios.

Rosada nube
lágrimas de cerezo
dispersa el viento.

Imita al frío
la blancura del jazmín
en primavera.

Anclado al suelo
sirve al grillo el paraguas
mientras llovizna.

Rubia moneda
agoniza en los cerros.
¡Perla usa el cielo!

Roba a las piedras
un grito encadenado
el agua al caer.

Sobre la calle
un mar de mariposas
revolotea.

Del viento el beso
las rústicas campanas
mudas aguardan.

Susurrando el mar
sus misterios al cielo
cautivo estrellas.

Un blanco botón
con su susurro engendra
noche de estrellas.

Verde alfombra.
Sobre el lago florecen
los camalotes.

Solo silencio,
bajo la noche el árbol
es un refugio.

En los ocasos
acuarela de otoño,
visten las nubes.

Gritan los cielos,
se estremecen las ramas,
llanto sin pausa.

Escarabajo,
una cuna de estiércol
cargan sus patas.

Busca palitos.
Pico pequeño para
nido tan grande.

¡Canta el árbol!
Mas la ardilla, solo,
ve caer hojas.

Hilos de plata
a su paso el caracol
borda la tierra.

Cubre el río
un manto de estrellas,
arrullo lunar.

Suspiro de flor,
el perfumado beso
viaja en la brisa.

Tras los barrotes
la nacarada luna
brilla en libertad.

Caen las hojas
su quejido se pierde
entre las piedras.

Ronda de formas.
Entre luz y oscuridad
danzan las sombras.

Lilácea lluvia
abraza las veredas.
Jacarandá en flor.

Lenguas naranjas
lamen con prisa letal.
Cruje el fuego.

En su espalda,
carga el alimento
que no comerá.

Ocultas bajo
una florida manta,
están las larvas.

Belleza pura es
el singular tornasol
del agua sucia.

Acurrucada
entre hojas mojadas
aguarda al sol.

Blanco invierno
avanza tras su paso
nieve de plumas.

Humilde esfera.
Matutina lágrima
captura la luz.

Volcán en furia.
Rojos ríos descienden
por las laderas.

Mustia corola,
caídos los pétalos,
cena de hormigas.

Cubre el pasto
el frío de la escarcha
hecho de jazmín.

Dolor y muerte,
mutilado el árbol,
brota la vida.

Barro en pico.
Con agua y tierra el ave
construye su hogar.

Campanula azul
enredada en el árbol.
Cielo en pétalos.

Cierra los ojos.
La oscuridad avanza.
Breve eclipse.

En la humedad,
bolita con patitas
camuflada está.

Rubia la playa.
Caracolas heridas
en fina arena.

Cielo y tierra
separa una línea.
¿Ellos lo sabrán?

En la mañana,
un vaporoso baile
cierra el círculo.

Una corona
florece entre espinas.
Sonríe el cactus.

En solitario
nada sobre el lago.
No ve su estela.

Lluvia y piedra.
Un pájaro ha muerto.
El otro, aúlla.

¡Gracias!

Daniela Selene
Lorenzini Sánchez

Residió en la localidad Bialet Massé, y desde el año 2014 lo hace en la ciudad de Río Cuarto (Córdoba, Argentina).

Desde los catorce años participa en Encuentros Literarios y desde hace más de veinte años organiza diversas actividades culturales.

Es fundadora y administradora de la organización cultural *La Hora del Cuento*.

Participa en numerosas antologías literarias con distintas obras poéticas y narrativas de su autoría.

En 2007 editó su primer libro de cuentos titulado *"¿Quién es? Tío Lui"*.

En enero de 2008, fue distinguida por la municipalidad de Bialet Massé por su quehacer cultural.

En 2013, dio a luz un nuevo emprendimiento literario: los servicios editoriales y de corrección literaria de *La Hora del Cuento*.

En 2016 creó *Voces que Liberan,* una extensión cultural de *La Hora el Cuento*, la cual organiza eventos corales con coreutas nacionales e internacionales en distintas localidades argentinas.

Realiza variados quehaceres culturales en favor del escritor, tales como encuentros de escritores, certámenes literarios, antologías, libros de autor, servicios editoriales, corrección literaria, etc.